Widerstandsmanagement als Erfolgsfaktor bei Veränderungen im Unternehmen. Problemfelder und Grenzen

GRIN

Bibliografische Information der Deutschen Nationalbibliothek:

Die Deutsche Nationalbibliothek verzeichnet diese Publikation in der Deutschen Nationalbibliografie; detaillierte bibliografische Daten sind im Internet über http://dnb.d-nb.de abrufbar.

ISBN: 9783346299178
Dieses Buch ist auch als E-Book erhältlich.

Nymphenburger Straße 86
80636 München

Druck und Bindung: Books on Demand GmbH, Norderstedt Germany
Gedruckt auf säurefreiem Papier aus verantwortungsvollen Quellen

Das Buch bei GRIN: https://www.grin.com/document/958313

WIDERSTANDMANAGEMENT ALS ERFOLGSFAKTOR BEI VERÄNDERUNGEN IM UNTERNEHMEN

Inhaltsverzeichnis

1. Einführung

Der Begriff des Widerstandes wird von den meisten Menschen wohl mit einem Widersetzen der Obrigkeit im Sinne von Revolution oder auch der frühkindlichen Konfrontationen des Rebellierens gegen die ungewollten Erziehungsmaßnahmen der Eltern verbunden. Jedoch finden Formen des Widerstandes beinahe in jeder Lebenssituation eines Menschen statt. Dementsprechend müssen Organisationen berechnen, dass ihre Belegschaft nicht immer positiv auf Maßnahmen reagieren wird. Gerade die angestrebten Veränderungen des Change Managements können oftmals bewirken, dass Abwehrmechanismen des Individuums aktiviert werden. Dies führt zu der zentralen Fragestellung der Arbeit:

Wie kann innerhalb eines Unternehmens Widerständen im Rahmen des Change Managements adäquat begegnet werden?

Um dies zu klären wird vorweg das als Rahmenkonzept dienende Change Management vorgestellt. Anschließend werden Widerstände definiert, einzelne Formen beleuchtet und Ursachen herausgebildet.

Nach der Behandlung der Grundlagen wird das Widerstandsmanagement zentralisiert. Dazu gehören Präventionsmaßnahmen, sowie der Umgang mit tatsächlich eingetretenen Widerständen. Abschließend sollen die Grenzen des Widerstandsmanagements aufgewiesen werden, wonach in einem Fazit die Forschungsfrage der Arbeit zusammenfassend beantwortet und ein Ausblick gegeben wird.

Als Methode soll die deduktive Form von der Grundtheorie geleitet ins Spezifische führen. Im Mittelpunkt der Umsetzung steht die Analyse aktueller Fachliteratur sowie eine Internetrecherche. Grundtheorien und Studien aus der Sozialpsychologie unterstützen die Auseinandersetzung mit den Ausprägungen und dem Umgang mit Widerstand.

2. Change Management als Rahmenkonzept

Da davon auszugehen ist, dass Widerstände primär aus dem Anstoßen von Veränderungen resultieren, ist das Change Management, welches im Deutschen auch als Veränderungsmanagement bezeichnet wird, das geeignete Konzept, in welches die Auswirkungen sowie das adäquate Begegnen von Widerständen eingebunden werden kann. Um ein Verständnis für das Rahmenkonzept zu erhalten wird der Begriff sowie ein zu Grunde liegendes Konzept des Managements beleuchtet.

2.1 Definition und Ziele

Bezüglich der Begriffserklärung des Change Managements sei vorweg eine prägnante Formulierung des Project Management Dictionary erwähnt:

> „[It is] the formal process where changes to the project are introduced and approved."[1]

Etwas detaillierter betrachtet kann Change Management als ein Sammelbegriff für alle Ansätze zur Vorbereitung, Unterstützung und Hilfe von Einzelpersonen, Teams und Organisationen bei der Durchführung organisatorischer Veränderungen bezeichnet werden. Zu den Triebkräften des Wandels gehören dabei die ständige Weiterentwicklung der Technologie, welche heutzutage primär im digitalen Bereich stattfindet, interne Überprüfungen von Prozessen, Krisenreaktionen, Veränderungen der Kundennachfrage, Wettbewerbsdruck, Übernahmen und Fusionen sowie organisatorische Umstrukturierungen. [2] Während der Anwendung werden Methoden herangezogen, die den Einsatz von Ressourcen, Geschäftsprozessen, Budgetzuweisungen oder anderen Betriebsarten implizieren respektive ein Unternehmen im Wesentlichen verändern, neu ausrichten oder definieren. Change Management bezieht sich ausschließlich darauf, wie Menschen und Teams von einem solchen organisatorischen Wandel betroffen sind. [3] Es befasst sich dazu mit diversen Disziplinen, von Verhaltens- und Sozialwissenschaften bis hin zu Informationstechnologie und Geschäftslösungen. Prinzipiell kann laut Lauer gesagt

---

1 Project-Management.com: PMO and Project Management Dictionary, in: Project-Management.com, 02.02.2017, [online] https://project-management.com/pmo-and-project-management-dictionary/ [13.09.2020].

2 Vgl. Kreutzer, Ralf / Tim Neugebauer / Annette Pattloch: Digital Business Leadership: Digitale Transformation – Geschäftsmodell-Innovation – agile Organisation – Change-Management, New York, Vereinigte Staaten: Springer Publishing, 2016, S. 217-8.

3 Vgl. HCMBOK: in: Human Change Management Institute, [online] http://www.hucmi.com/error [14.09.2020].

werden, dass innerhalb der Zielsetzung die Gestaltung des Weges zum Ziel fokussiert wird und nicht die rein theoretische Strukturierung der Zielplanung in Form von Methoden. [4]

2.2 Grundlegendes Erfolgsfaktorenmodell des Change Management

Die Faktoren des Erfolges oder Misserfolges des Change Managements gestalten sich äußerst umfangreich und können als buchfüllende Thematik dienen. [5] Dabei werden diese meist aus einer positiven Perspektive betrachtet, also welche Möglichkeiten es zu einer Umsetzung gibt, obwohl fast 60 Prozent aller geplanten Veränderungen nicht zu dem antizipierten Resultat führen [6]. Misserfolgsfaktoren leiten sich also meist nur aus den Erfolgsfaktoren ab.

Um nun zuerst ein grundlegendes Verständnis dafür zu schaffen, welche Faktoren zu einer erfolgreichen oder nicht erfolgreichen Veränderung führen können, soll das von Lauer beschriebene sogenannte Erfolgsfaktorenmodell [7], das in seinen Grundzügen auf der Feldtheorie Lewins basiert, die wiederum einen Wandlungsprozess innerhalb der Sozialpsychologie beschreibt, kurz angeschnitten werden. [8] Lewis nennt in seiner Theorie 2 zentrale Kräfte, welche sich genau entgegengesetzt gegenüberstehen. Eine Kraft versucht dabei einen Wandel zu instruieren, während die andere Stillstand bevorzugt, beispielsweise, um einen Energieverlust zu vermeiden.

> „Man kann Lewins Feldtheorie anhand eines einfachen Beispiels erklären. Ein Mensch hat je nach Tageszeit entweder Hunger oder nicht Hunger (ist also satt). Im ersten Fall führt der Hunger (also das Bedürfnis) dazu, dass Energie freigesetzt wird und dem Bedürfnis eine Valenz (einen Wert) verleiht. Der Mensch wird körperliche Symptome wie Magenknurren haben, aber auch psychisch an Essen denken müssen. Das Essen erhält also einen positiven Wert in dieser konkreten Situation.“ [9]

---

4 Vgl. Change Management: Grundlagen und Erfolgsfaktoren, 3. Aufl., Berlin, Deutschland: Springer Gabler, 2019, S. 4.

5 Vgl. Lauer, 2019, S. 87-262..

6 Vgl. Greif, Siegried / Bernd Runde / Ilka Seeberg: Erfolge und Misserfolge beim Change Management., Göttingen, Deutschland: Hogrefe Verlag GmbH + Co., 2004, S. 278.

7 Vgl. Lauer, 2019, S. 67.

8 Vgl. Kurt Lewin - Lewins Feldtheorie: in: kurt-lewin.de, [online] http://www.kurt-lewin.de/feldtheorie.shtml [15.09.2020].

9 Ebd.

Je größer der Hunger des Menschen also ist desto größer ist auch die Kraft, welche einen Wandel im Sinne der Organisation von Essen bewirken will und desto geringer wirkt die Kraft, welche auf Grund des drohenden Energie- oder Zeitverlustes versucht, einen Wandel zu unterbinden. Die zweite Kraft kann also auch als Widerstand bezeichnet werden. Überträgt man dies nun auf eine Organisation, so bewirkt die erste Kraft Innovation, Veränderung der Strukturen und das Aufbrechen von alten Mustern, wobei die zweite althergebrachte Aspekte wie die Routine oder tradierte Werte vertritt. Beide Kräfte müssen im Gleichgewicht gehalten werden, damit weder eine Überforderung der Belegschaft durch ständige Veränderungen, noch ein Stillstand oder eine Rückentwicklung stattfinden.[10]

2.2.1 Die drei Phasen

Vollzieht eine Organisation jedoch eine Wandlungsphase, muss das Kräfteverhältnis hinsichtlich der antreibenden Kraft temporär verschoben werden. Das wiederum soll in drei Phasen absolviert werden.

Die erste ist die Stärkung der antreibenden oder akzelerierenden Kraft. Das kann zur Folge haben, dass retardierende Kräfte – also die Energien, welche Stillstand bewirken – ebenso forciert werden, da sie versuchen, die Akzeleration zu kompensieren. Deshalb müssen retardierende Kräfte gemindert werden, was nichts anderes bedeutet, als das Widerstände schon vor ihrer Manifestation erfolgreich aufgelöst werden. Abschließend soll eine Umkehr der Kräfte zum erfolgreichen Wandel führen.[11]

In der zweiten Phase findet die primäre Arbeit statt, welche auf „[...] der Grundlage neuer Informationen neue Reaktionsweisen herausbilden“ [12], sprich Mitarbeiter konstruktiv in die neuen Arbeitsprozesse einbinden soll.

In der dritten Phase findet schlussendlich ein erneutes Austarieren der Kräfte statt, sodass dieses in Form eines gesunden Gleichgewichtes zu einem normativen Zustand führt.

Ein vor allem für die Überwindung von Widerständen relevanter Erfolgsfaktor ist die Kommunikation, die in den folgenden Kapiteln detailliert besprochen werden soll. Jedoch

10 Vgl. Lauer, 2019, S. 68-9.

11 Vgl. ebd., S. 70-1.

12 Ebd., S. 70.

gilt es zuerst Widerstände in ihrer Grundstruktur zu beschreiben, da diese zwangsläufig und vorwiegend in Phase 1 der angestrebten Wandlung auftreten werden.

3. Widerstände als Begleiterscheinungen bei Veränderungen

Wenn im Change Management bestimmte Änderungen angestrebt werden, so lässt es sich nicht vermeiden, dass damit auch Widerstände einhergehen. Im Folgenden soll herauskristallisiert werden, wie ein Widerstand definiert wird und welche Erscheinungsformen er annehmen kann.

3.1 Definition und Arten

Der Begriff Widerstand ist je nach Fachbereich multipel besetzt. Er kann in der Physik das Verhältnis zwischen Gleichspannung und Stromstärke oder auch in der Politik das allgemeine Verweigern von Gehorsam gegenüber regierenden Mächten bedeuten. Immer geht es jedoch um ein sich Widersetzen oder sich Entgegenstellen. Eine im Kontext dieser Arbeit interessante Definition, ist die aus der Perspektive der Psychoanalyse formulierte. Widerstand bezieht sich laut dieser auf oppositionelles Verhalten, welches eintritt, wenn unbewusste Abwehrmechanismen des Ichs eines Individuums durch eine externe Quelle aktiviert werden. Sigmund Freud, der Begründer der psychoanalytischen Theorie, entwickelte sein Konzept des Widerstands, als er mit Patienten arbeitete, die während der Sitzungen der Gesprächstherapie unvermittelt unkooperatives Verhalten entwickelten. Er argumentierte, dass ein Individuum, das an einer psychischen Erkrankung leidet, welche Freud aus der Anwesenheit unterdrückter unerlaubter oder unerwünschter Gedanken abzuleiten glaubte, unbeabsichtigterweise versuchen könnte, jeden Versuch zu behindern, sich einer unbewusst wahrgenommenen Bedrohung zu stellen. Dies würde dem Zweck dienen, die Enthüllung jeglicher unterdrückter Informationen aus dem Unterbewusstsein zu verhindern. [13] Natürlich bezieht sich die Interpretation Freuds auf das Gebiet der klinischen Psychologie und lässt sich nicht 1:1 auf die berufliche Situation potenziell gesunder Mitarbeiter übertragen. Auch die reine Fixierung auf das Unterbewusste ist zumindest diskutabel. Nichts desto trotz entspricht Widerstand im Sinne der vorab definierten retardierenden Kraft grundsätzlich der Vorstellung davon, dass eine wahrgenommene

13 Vgl. Larsen, Randy / David Buss / Andreas Wismeijer: Personality Psychology: Domains of Knowledge about Human Nature, New York, Vereinigte Staaten: McGraw-Hill Education, 2013, S. 696.

„Bedrohung“, welche zur Veränderung der derzeitigen Situation führt, unterbewusst oder auch bewusst bekämpft wird. Der explizite innerpsychische Vorgang hängt schließlich auch von der Individualität des jeweiligen Menschen ab.

Unabhängig von der Definition von Widerständen ist es auch interessant, einen Blick auf dessen unterschiedliche Formen zu werden. Die Kategorisierung gestaltet sich je nach Autor stark abweichend. So findet beispielsweise Cacaci und Wüthrich folgend eine Aufteilung in offene und verdeckte, bewusste und unbewusste, interne und externe sowie positive und negative Widerstände statt [14]. Doppler und Lautenburg wiederum unterteilen die Formen von Widerständen hinsichtlich der Perspektive des Betrachters und kommen ebenfalls mit 4 Metaebenen aus [15]:

> „1. Widerspruch: Hier kommt es zu mehr oder minder direktem verbalen Widerstand. Er kann von der noch eher sachbezogenen Gegenargumentation bis hin zu Vorwürfen oder gar Drohungen reichen.
>
> 2. Aufregung: Sie bildet die Form des aktiven, aber überwiegend nonverbalen Widerstands. Allgemeine Aufregung und Gerüchte gehören zu dieser Kategorie. [...]
>
> 3. Ausweichen: Erfolgt zwar verbaler Widerstand, bezieht sich dieser aber nur indirekt auf den Gegenstand des Streits, so spricht man von „Ausweichen“. Typische Phänomene dieser Kategorie sind alle Formen, Dinge ins Lächerliche zu ziehen oder zu bagatellisieren. [...]
>
> 4. Lustlosigkeit: Die am wenigsten direkt sichtbare Variante des Widerstands ist die Lustlosigkeit, da sie die nonverbale Ausdrucksform mit Passivität kombiniert. [...]“[16]

Lauer weist hinsichtlich der vierten Erscheinungsform darauf hin, dass das bekannte Kommunikationsmodell von Watzlawick die Existenz eine kommunikationsfreien Realität ihm Rahmen der menschlichen Perspektive ausschließt. [17] Lustlosigkeit ist dementsprechend eine besonders tückische Form des Widerstandes, da diese nicht unmittelbar zum Ausdruck kommt und ihren Empfänger oftmals gar nicht findet. Die daraus resultierenden Störfaktoren der Kommunikation können den Mitarbeiter vor dauerhafte mentale Probleme stellen.

---

14 Vgl. Change Management - Widerstände gegen Wandel: Plädoyer für ein System der Prävention, Wiesbaden, Deutschland: Deutscher Universitätsverlag, 2007, S. 85-90.

15 Vgl. Doppler, Klaus / Christoph Lauterburg: Change Management: Den Unternehmenswandel gestalten, Frankfurt am Main, Deutschland: Campus Verlag, 2014, S. 339.

16 Lauer, 2019, S. 67.

17 Vgl. Watzlawick, Paul / Janet Beavin / Don Jackson: Menschliche Kommunikation: Formen, Störungen, Paradoxien, Bern, Schweiz: Hans Huber, 2000, S. 64.

3.2 Ursachen von Widerständen bei Veränderungen

In der Psychologie bezeichnet man die wissenschaftliche Auseinandersetzung mit den Ursachen einer Erkrankung als Ätiologie [18]. Würde man also die Kausalitäten von Widersprüchen darlegen, wären diese eine Kombination aus umweltbedingten Faktoren des psychosozialen Umfeldes sowie prädisponierten Faktoren. Auch im Rahmen der Veränderungen innerhalb von Unternehmen findet eine Auseinandersetzung mit den Ursachen von Widerständen statt, Cacaci und Wüthrich grenzen sie in psychologisch-emotionale, ökonomische, soziale, politische und kulturelle Dimensionen ein. Widerstände werden dabei also nicht nur der psychischen Ausprägungsform, sondern dem kausalen Ursprung im gesamtgesellschaftlichen Kontext zugeordnet. [19] Die kulturelle Dimension beschreibt beispielsweise die Gesamtheit der Charakteristika aller innerhalb einer zusammengeschlossenen Gruppe stattfindenden Menschen. Dazu gehören Normen und tradierte Werte im Sinne von Überlieferungen und Gebräuchen, die der Identifikation dienen, aber auch der eng damit verknüpfte sozialer Druck. [20] Auch in der Mesoebene von Unternehmen kann eine teils tief verwurzelte Kultur entstehen. Einerseits wird diese im betriebswirtschaftlichen Zusammenhang als Erfolgsgarant gesehen, andererseits werden Veränderungen von der Belegschaft umso schwerer akzeptiert. Widerstände in der kulturellen Dimension können also als ein Reagieren auf eine wahrgenommene Bedrohung der als positiv oder zumindest notwendig betrachteten kulturellen Werte bezeichnet werden, retardierende Kräfte bekämpfen das „Fremde", um an dem „Gewohnten" festhalten zu können. [21]

Die weiteren Dimensionen können auf Grund des Umfanges der Arbeit nur angeschnitten werden. So beinhaltet die psychologisch-emotionale Dimension Ursachen, die auf der mental negativen Konnotation von Lernen, das eng mit Wandel und Veränderung verbunden ist, oder auch Stress basieren [22]. Innerhalb der ökonomischen Dimension werden Ursachen wie Umfang von Salär und Boni aufgeführt

---

18 Vgl. Nicolay, Nils: Ätiologie, in: DocCheck Flexikon, 2017, [online] https://flexikon.doccheck.com/de/%C3%84tiologie.

19 Vgl. Management - Widerstände gegen Wandel: Plädoyer für ein System der Prävention, Wiesbaden, Deutschland: Deutscher Universitätsverlag, 2007, S. 62-83.

20 Vgl. ebd., S. 80.

21 Vgl. Lauer, 2019, S. 58.

22 Vgl. Cacaci/Wüthrich, 2007, S. 62-3.

[23], die soziale Dimension beschreibt Störfaktoren im sozialen Miteinander einer Organisation [24]. Die verbleibende politische Dimension zentralisiert Ursachen, welche negative Begleiterscheinungen auf Grund von abweichenden politischen Zielen unterschiedlicher Gruppen in einer Organisation aufweisen. [25]

4. Widerstandsmanagement: Vorbeugung und Überwindung von Widerständen bei Veränderungen

Nach der Thematisierung der Formen und Ursachen von Widerständen gilt es, die Möglichkeiten zur Überwindung dieser zu beleuchten. Primäres Werkzeug dabei ist die Kommunikation.

> „Kommunikation ist zweifelsohne einer der entscheidenden Erfolgsfaktoren des Change Managements, der in nahezu allen anderen Erfolgsfaktoren enthalten ist, weil Führung selbst in erster Linie angewandte Kommunikation ist. Kommunikation schafft Transparenz und damit Orientierung, sie dient aber auch zur Beilegung von Konfikten und Widerständen."[26]

Im Folgenden soll also herauskristallisiert werden, inwiefern Kommunikation aber auch die Partizipation, Widerstände präventiv verhindern kann und wenn dies nicht möglich ist, welche Maßnahmen zur Begegnung sinnvoll sind.

4.1 Widerstandsprävention bei Veränderungen

Ebenso wie bei der Ursachenforschung, existiert innerhalb der Medizin eine weitgefächerte Präventionsforschung, die vorbeugende Maßnahmen zur Verhinderung der Entstehung von Krankheiten ermittelt [27]. Dabei wird davon ausgegangen, dass Erkrankungen auf Mikro-, Meso- oder Makroebene bis zu einem gewissen Grad vorausgesagt werden können. Um zu bestimmen, wann präventive Maßnahmen am

23 Vgl. ebd., S. 71.

24 Vgl. ebd., S. 73.

25 Vgl. ebd., S. 77.

26 Lauer, 2019, S. 125.

27 Vgl. Cacaci/Wüthrich, 2007, S. 205.

effektivsten eingesetzt werden sollten, werden Risikofaktoren definiert, die wiederum auf ätiologischen Untersuchungen basieren.[28]

Ähnlich verhält es sich mit der Widerstandsprävention bei Veränderungen. Die Entstehung oder Manifestation von Widerständen soll durch vorbeugende Maßnahmen verhindert werden. Wie eingangs erwähnt dient dabei die Kommunikation als primäres Werkzeug.

4.1.1 Prävention während der 3 Phasen des Erfolgsfaktorenmodells

Innerhalb dieser Kapitel soll die Übertragung der Prävention und der damit verbundenen Kommunikation auf das 3-Phasen-Modell aus 2.2 Grundlegendes Erfolgsfaktorenmodell des Change Management aufzeigen, wie in den einzelnen Phasen Risikofaktoren mit adäquater Kommunikation begegnet werden kann.

4.1.1.1 Phase 1: Anfangsmotivation

In der ersten Phase des Modells müssen wie definiert akzelerierenden Kräfte gestärkt und retardierende gemildert werden. In dieser Startphase des Wandels dient Kommunikation dazu, den Mitarbeitern die Initialisierung des Wandels verbal zu erklären. Denn das Verständnis, warum Veränderung von Nöten sein könnte, soll die Motivation und damit auch die akzelerierenden Kräfte steigern und dazu beitragen, dass retardierende Kräfte zurückgedrängt werden. Je detaillierter die Informationen zu dem Wandel erfolgen desto besser. Dazu gehören Hintergrundinformationen, visionäre Ansätze, Aufschlüsselung der Folgen bei Nicht-Eintreten des Wandels und Auswirkungen. [29]

Die Wahl der Kommunikationskanäle hängt dabei sehr stark von der Größe des Unternehmens ab. Bei mittelständigen Unternehmen könnte dies beispielsweise in einer Betriebsvollversammlung erfolgen. Bei größeren Unternehmen muss der mediale Weg im Zuge der internen Kommunikation gesucht werden. Dienlich dabei sind das Social-Intranet, Video-Konferenzen oder das Business-TV./Corporat-TV. [30] Je persönlicher die

28 Vgl. Stöckel, Sigrid / Ulla Walter: Prävention im 20. Jahrhundert : Historische Grundlagen und aktuelle Entwicklungen in Deutschland, in: Grundlagentexte Gesundheitswissenschaften, 2002, [online] https://zeithistorische-forschungen.de/sites/default/files/medien/material/2013-3/Stoeckel-Walter-Praevention.pdf, S. 193.

29 Vgl. ebd., S. 132.

30 Vgl. Kammann Rossi – Know-How –Sieben wichtige Kanäle der Internen Kommunikation: in: Kammann Rossi, 2020, [online] https://www.kammannrossi.de/ik-kan%C3%A4le.

Kommunikation wirkt, desto besser. Die schriftliche Form, wie sie beispielsweise in Blogs, Massen-E-Mails oder einem physischen oder digitalen schwarzen Brett zu finden ist, sollte ausgeklammert werden, da der sachliche und rationale Charakter dieser das Gefühl des Ausgeliefert-Sein verstärken kann. [31]

Anschließend sollte anteilnehmend kommuniziert werden, dass die geplanten Änderungen auch für den einzelnen Mitarbeiter im Rahmen des Möglichen liegen. Veranstaltungen, die 100 oder mehr Teilnehmer beinhalten können, sollen durch Workshops den Wandel vertrauerter machen. [32] Die Betroffenen sollen damit zu Beteiligten werden.

4.1.1.2 Phase 2 und 3: Umsetzung und Balance

In Phase 2 und 3, welche die eigentlichen Umsetzungen sowie das Austarieren beinhalten, muss die anfangs gewonnene Motivation weiter aufrechterhalten und später ein Gleichgewicht der Kräfte gefunden werden. Dazu können Informationsmaßnahmen wie Info-Veranstaltungen, Newsletter oder auch Abschlussveranstaltungen dienen. Um einen konstanten Verlauf zu gewährleisten, gilt es zudem, neu entstehende Widerstände rechtzeitig zu erkennen. [33]

Eine adäquate Maßnahme dazu ist das Mitarbeitergespräch (MAG), dass sich im Bereich der Führungskonzepte manifestiert hat. Der Name leitet sich aus der Annahme ab, dass Vorgesetzte zugleich auch fast immer Unterstellte sind sowie die beiden Gesprächsparteien derselben Organisation angehören. Der hierarchische Charakter der Konversation wird dabei zudem nicht verschleiert. [34]

Meist wird das MAG jährlich durchgeführt (langzyklische Beurteilungen); viele Unternehmen gehen jedoch zu kürzeren Zyklen über (halbjährlich, vierteljährlich), und einige sind zu kurzzyklischen (wöchentlich, zweiwöchentlich) MAG übergegangen. Das Interview könnte als Rückmeldung an die Mitarbeiter, Beratung und Entwicklung der Mitarbeiter und Vermittlung und Diskussion von Vergütung, Arbeitsstatus oder Disziplinarentscheidungen verstanden werden und ist häufig in Leistungsmanagementsysteme eingebunden. Es hilft dem Untergebenen sowie dem

---

31 Vgl. Lauer, 2019, S. 133.

32 Vgl. ebd.

33 Vgl. ebd., 134-5.

34 Vgl. Neuberger, Oswald: Das Mitarbeitergespräch: Praktische Grundlagen für erfolgreiche Führungsarbeit, 6. Aufl. 2015. Nachdruck 2015., Augsburg, Deutschland: Springer Gabler, 2015, S. 6.

Vorsetzten bei der Beantwortung von zwei Schlüsselfragen: erstens: "Was sind die Erwartungen an mich?" und zweitens: "Wie erfülle ich die Erwartungen?". [35] Eine ehrliche Beantwortung kann Widerstände aufdecken, die nun in einem äußerst adäquaten Rahmen formuliert wurden.

Wichtig bei der praktischen Umsetzung ist die richtigen Mechanismen zu dem richtigen Zeitpunkt anzuwenden. Dies impliziert diverse Lenkungstechniken sowie Gesprächsstile, beispielsweise dem Berücksichtigen nonverbaler Kommunikation, also dem Lesen und Anwenden von Körpersprache. [36]

Äußerst relevant ist zudem, dass ein einseitiger Monolog von Seiten des Vorgesetzten oder des Mitarbeiters vermieden wird. Beide Parteien sollten in einem interaktiven Prozess stattfinden, welcher nicht nur das reine Senden von Informationen, sondern auch das Empfangen beinhaltet, um wiederum agil auf die Anforderungen im Gespräch reagieren zu können. Die stellt sicher, dass die Rahmenbedingungen für ein Veränderung bewirkendes Ergebnis gegeben sind.[37]

Um akzelerierende und retardierende Kräfte dauerhaft in Balance halten zu können, unterstützen regelmäßige Betriebsbesuche des Managements das Gleichgewicht. Auch eine interne Kommunikation im Social Intranet kann eine kommunikative Grundlage bilden, um zielgruppengerecht zu agieren. [38]

4.1.2 Betroffene zu Beteiligten machen

Abgesehen von den diversen vorgestellten Kommunikationsmöglichkeiten, soll Partizipation dazu beitragen, Betroffene zu in den Prozess involvierte zu machen, um damit ebenso vorbeugend das Aufkeimen von Widerständen zu verhindern.

Im unternehmerischen Kontext wird dazu partizipative Entscheidungsfindung als das Ausmaß definiert, in dem Arbeitgeber den Arbeitnehmern erlauben oder sie ermutigen, an der Entscheidungsfindung in der Organisation teilzuhaben oder sich daran zu beteiligen. [39] Die grundlegende Vorstellung ist, dass eine aktive Beteiligung an den

---

35 Vgl. Grote, Dick: The Performance Appraisal Question and Answer Book: A Survival Guide for Managers, Illustrated., New York, USA: Amacom, 2002, S. 28-9.

36 Vgl. Neuberger, 2015, S. 137.

37 Vgl. ebd., S. 87.

38 Vgl. ebd., 136-7.

39 Vgl. Probst, Tahira M.: Countering the Negative Effects of Job Insecurity Through Participative Decision Making: Lessons From the Demand-Control Model., in: Journal of Occupational Health Psychology, Jg. 10, Nr. 4, 2005, doi: 10.1037/1076-8998.10.4.320, S. 320.

Prozessen, die Wandel implizieren, zu einem schnelleren Abbau von inneren Widerständen führen kann, als die rein theoretische Information der angestrebten Veränderungen. Lewin führte passend zu dem Thema eine Studie durch, deren Ziel es war, herauszukristallisieren, ob aktive Beteiligung zu einem schnelleren Abbau von Ekel, der ebenso eine Form von Widerstand ist, führen kann, als die theoretische Auseinandersetzung mit den zu Ekel führenden Aspekten. Die Probandinnen sollten in jener Studie Innereien zubereiten und wurden in der ersten Gruppe dazu angehalten, gemeinsam ein Konzept zur Überwindung des Ekels zu entwickeln. Die zweite Gruppe wurde dagegen nur mit Vorträgen über die positiven Faktoren von Innereien konfrontiert. Wie zu erwarten, konnte die aktiv beteiligte Gruppe ihren Ekel schneller überwinden.[40] Denn in einem partizipativen Entscheidungsfindungsprozess hat jedes Teammitglied die Möglichkeit, seine Perspektiven zu teilen, seine Ideen einzubringen und seine Fähigkeiten zu nutzen, um die Effektivität und Effizienz des Teams zu verbessern. Es entsteht intrinsische Motivation und ein Gefühl von Gleichheit, was wiederum in eine Verringerung von Widerständen münden kann. [41]

4.2 Umgang bei eingetretenen Widerständen

Was geschieht jedoch, wenn alle angewandten Werkzeuge zum präventiven Verhindern von Widerständen fehlschlagen, diese sich manifestieren und die allgemeinen Maßnahmen des Change Managements vom Scheitern bedroht sind?

Lauer schreibt dazu, dass die Grundhaltung zu dem Umgang mit Widerständen erst einmal stimmen muss. In 3.3 Ursachen von Widerständen bei Veränderungen wurde nachgewiesen, welche mannigfaltigen Formen Ursachen von Widerständen annehmen können. Deshalb ist es aus Sicht des Führungspersonals wichtig, eine unvoreingenommene Haltung einzunehmen und nicht vorab schon zu denken, dass Kausalitäten offensichtlich sind. Es bietet sich an, vor einem Gespräch Fragen zu notieren wie:

> „Was ist für die Betroffenen besonders wichtig? Welche Interessen, Bedürfnisse oder Anliegen haben sie? […] Was könnte passieren, wenn man wie vorgesehen vorgehen würde? Was sollte aus Sicht der Betroffenen nach Möglichkeit verhindert werden?“ [42]

---

40 Vgl. Horst, Steinmann / Georg Schreyögg / Jochen Koch: Management: Grundlagen der Unternehmensführung Konzepte — Funktionen — Fallstudien (German Edition), 6., vollst. überarb. Aufl. 2005., Wiesbaden, Deutschland: Gabler Verlag, 2005, S. 453.

41 Vgl. Lauer, 2019, S. 156.

42 Doppler/Lauterburg, 2014, S. 340.

Ein MAG kann dazu die richtigen Rahmenbedingungen bieten. Kommt es dann zum tatsächlichen Gespräch, sollte eine Win-win-Strategie gewählt, Machtbedürfnisse in den Hintergrund gerückt und Empfangs- und Sendebereitschaft ausgestrahlt werden. Die sogenannte VW-Regel, welche besagt, dass Vorwürfe vermieden und stattdessen Wünsche geäußert werden sollen, kann helfen das MAG adäquat zu gestalten und Widerstände zu überwinden. [43]

5. Problemfelder und Grenzen des Widerstandsmanagements bei Veränderungen

Nicht immer wird es jedoch möglich sein, Mitarbeiter dort abzuholen, wo sie in ihrer Individualität stehen. Manche Widerstände werden nicht überwindbar sein, das Widerstandsmanagement an seine Grenzen stoßen.

So können zum Beispiel neben den Ursachen aus Unternehmenssicht, welche bereits partiell beschrieben wurden, die individuellen Persönlichkeitsmerkmale eines Menschen Wandel enorm erschweren, ganz unabhängig von den Bemühungen des Widerstandsmanagements. Innerhalb der Persönlichkeitspsychologie existiert dazu ein 5-Faktoren-Modell, das in seiner Taxonomie 5 verschiedene Bereiche auflistet, anhand derer die Persönlichkeit von Menschen in Form eines Ausprägungsgrades eingegrenzt werden soll. Eine dieser Dimensionen beschreibt die „Offenheit für neue Erfahrungen bzw. Intellekt bzw. Kultur“ [44]. Eine geringe Ausprägung wird in der Regel auch das Vorhandensein von starken retardierenden Kräften beinhalten. Solch tiefverwurzelten Eigenschaften können schwerlich durch externe Beeinflussung und vor allem nicht in einem kurzen Zeitrahmen abgeändert werden. Auch weitere Merkmale wie eine ausgeprägte Extraversion, können den Widerstand so weit erhöhen, dass Interventionsbemühungen fehlschlagen. Ebenso negativ können sich fehlende Bildung oder subjektive schlechte Erfahrungen auswirken.

Ein weiteres Problemfeld des Widerstandsmanagements ist, dass eine Mehrheit der Belegschaft hinter den geplanten Änderungen stehen muss, damit sie auch erfolgreich umgesetzt werden können. Bei einer dauerhaft negativen Abwehrhaltung führen

---

43 Vgl. Die VW Regel: in: Leaders Circle, [online] http://www.leaders-circle.at/bibliothek/tools/frei/konflikt/vwregel.html.

44 Vgl. Rauthmann, John: Fünf-Faktoren-Modell - Dorsch, in: dorsch.hogrefe.com, 2020, [online] https://dorsch.hogrefe.com/stichwort/fuenf-faktoren-modell [16.09.2020].

Widerstände zu offenem oder passivem Widerstand, der Wandel scheitert, das Unternehmen leidet. [45]

Zuletzt soll noch erwähnt sein, dass ein Scheitern und das damit verbundene Aufkeimen von massiven Widerständen oft nicht kausal durch pauschal negative Eigenschaften von Unternehmen oder Mitarbeiter verursacht werden, sondern dass schlicht und ergreifend unklare Zielsetzungen des Wandels nicht die nötige Struktur verleihen, um akzelerierende Kräfte dauerhaft zu aktivieren.[46]

6. Fazit / Ausblick

Im Verlauf dieser Arbeit sollte auf Grundlage der zentralen Fragestellung herauskristallisiert werden, wie innerhalb eines Unternehmens Widerständen adäquat begegnet werden kann. Die Rahmenbedingungen dafür lieferte das Change Management.

In der Auseinandersetzung mit der grundlegenden Theorie konnte das auf der Feldtheorie von Lewin basierende Erfolgsfaktorenmodell ein Fundament für die spätere Spezifizierung bauen. Zwei als normativ beim Menschen betrachtete Kräfte, die akzelerierenden, welche den Wandel vorantreiben, sowie die retardierenden, welche diesen verhindern wollen und damit als Widerstand bezeichnet werden können, stehen dabei im Fokus. Das Modell beinhaltet zudem drei Phasen, in denen Wandel vollzogen werden soll. In Phase 1 soll der Wandel initiiert werden, Anfangsmotivation geschaffen werden, in Phase 2 die neuen Arbeitsprozesse eingebunden und in Phase 3 die neuen Umstände stabilisiert, in dem die diametralen Kräfte austariert werden.

Die Spezifizierung bezüglich des Umgangs mit Widerständen hob anschließend hervor, dass Präventionsmaßnahmen im Widerstandsmanagements eine hohe Signifikanz einnehmen. Umgesetzt werden diese vor allem durch die Mittel der Kommunikation. Bei der Übertragung auf das Erfolgsfaktorenmodell soll Kommunikation in der ersten Phase primär durch adäquate Information stattfinden. Je persönlicher und detaillierter die Inhalte des geplanten Wandels kommuniziert werden desto geringer ist die Wahrscheinlichkeit zur Entstehung von Widerständen. In kleineren Unternehmen kann eine Betriebsversammlung dazu als Kommunikationskanal dienen, in größeren muss die mediale Form präferiert werden. Geeignet sind das Social-Intranet, Videokonferenzen

45 Vgl. Lauer, 2019, S. 62.

46 Vgl. ebd., S. 62-3.

oder auch das Corporat-TV. In Phase 2 und 3 können Werkzeuge aus dem Qualitätsmanagement wie das Mitarbeitergespräch angewandt werden, um bei der Etablierung von Prozessen das Aufkeimen von Widerständen rechtzeitig zu erkennen, aufzulösen und Kräfte in der Balance zu halten.

Des Weiteren wurde neben der Kommunikation die Partizipation als Präventionsmaßnahme vorgeschlagen. In dieser soll eine aktive Beteiligung der Belegschaft an den Prozessen der Veränderung zum Abbau aufkeimender Widerstände oder der Verhinderung deren Entstehung führen. Eine Studie von Lewin konnte belegen, dass Aktivität der passiven Informierung überlegen ist, einseitige Kommunikation seitens der Führungsebene also keine optimalen Bedingungen bereitstellt.

Manifestieren sich jedoch trotz präventiver Kommunikation und Partizipation Widerstände in der Belegschaft, so müssen Maßnahmen zur Überwindung geschaffen werden. Es wurde beschrieben, dass vorweg dazu eine reflektierte Einstellung der Führungsebene von Nöten ist. Dies impliziert Unvoreingenommenheit und eine Vorbereitung auf die Auseinandersetzung mit dem Mitarbeiter. Die Ursachen für die Entstehung der Widerstände sollte individuell hinterfragt werden. Auch hier kann ein Mitarbeitergespräch gute Rahmenbedingungen liefern. In diesem soll eine Win-win-Strategie gewählt, sowie nach der VW-Regel Vorwürfe vermieden und Wünsche geäußert werden.

Das abschließende Kapitel der Arbeit thematisierte die Grenzen des Widerstandsmanagement. Dort wurde reflektiert, dass ein Auflösen oder Verhindern von Widerständen im Zuge von Veränderungen nicht immer möglich ist. Zum einen weisen Menschen individuelle Persönlichkeitsmerkmale auf, die von Seiten des Unternehmens nur bedingt beeinflussbar sind. So definiert das 5-Faktoren-Modell fehlende Offenheit für neue Erfahrungen als möglichen Hinderungsgrund für Wandel. Außerdem können fehlende Bildung oder subjektive Erfahrungen des Einzelnen einen Wandel behindern.

Zum anderen gilt als Grundvoraussetzung, dass ein Großteil der Belegschaft die angestrebten Veränderungen unterstützen muss, da sonst aktiver und passiver Widerstand einen Kontrollentzug bewirkt. Auch eine unklare Zielsetzung des Wandels kann Widerstände verursachen, die nur durch eine grundlegend bessere Strukturierung und Konzipierung der Inhalte des Change-Managements verhindert werden können.

In Zukunft wird die Auseinandersetzung mit dem adäquaten Umgang von Widerständen im Rahmen des Wandels weiterhin eine hohe Bedeutung einnehmen. Zukunftsprojekte wie die Industrie 4.0 konzipieren eine umfangreiche Veränderung der

Produktionsbedingungen, vorweg durch eine Implementierung von neuen Technologien, die primär aus dem Bereich der Digitalisierung stammen. Damit Deutschland als Produktionsstandort weiterhin konkurrenzfähig bleibt, müssen die Maßnahmen der Industrie 4.0 nicht nur auf einer technischen Ebene umgesetzt werden, sondern auch die Akzeptanz der Belegschaft erhalten. Gerade ältere Mitarbeiter werden vor große Schwierigkeiten gestellt werden. Das Widerstandsmanagement wird nicht immer Lösungen bieten können, um jeglichen Widerstand aufzulösen. Je nach Umständen können Partizipation und Kommunikation jedoch dazu beitragen, dass ein Individuum aktiver Teil eines produktiven Wandels wird.

Literaturverzeichnis

Cacaci, Arnaldo / Wüthrich: Change Management - Widerstände gegen Wandel: Plädoyer für ein System der Prävention, Wiesbaden, Deutschland: Deutscher Universitätsverlag, 2007.

Die VW Regel: in: Leaders Circle, [online] http://www.leaders-circle.at/bibliothek/tools/frei/konflikt/vwregel.html.

Doppler, Klaus / Christoph Lauterburg: Change Management: Den Unternehmenswandel gestalten, Frankfurt am Main, Deutschland: Campus Verlag, 2014.

Gerkhardt, Marit / Dieter Frey: Erfolgsfaktoren und psychologische Hintergründe in Veränderungsprozessen: Entwicklung eines integrativen psychologischen Modells, in: OrganisationsEntwicklung, Jg. 06, Nr. 04, 2006, [online] https://www.ikf.ch/images/stories/inhalte/Change%20Erfolgsfaktoren_Psychologie.pdf, S. 48–59.

Greif, Siegried / Bernd Runde / Ilka Seeberg: Erfolge und Misserfolge beim Change Management., Göttingen, Deutschland: Hogrefe Verlag GmbH + Co., 2004.

Grote, Dick: The Performance Appraisal Question and Answer Book: A Survival Guide for Managers, Illustrated., New York, USA: Amacom, 2002.

HCMBOK: in: Human Change Management Institute, [online] http://www.hucmi.com/error [14.09.2020].

Horst, Steinmann / Georg Schreyögg / Jochen Koch: Management: Grundlagen der Unternehmensführung Konzepte — Funktionen — Fallstudien (German Edition), 6., vollst. überarb. Aufl. 2005., Wiesbaden, Deutschland: Gabler Verlag, 2005.

Kammann Rossi – Know-How –Sieben wichtige Kanäle der Internen Kommunikation: in: Kammann Rossi, 2020, [online] https://www.kammannrossi.de/ik-kan%C3%A4le.

Kreutzer, Ralf / Tim Neugebauer / Annette Pattloch: Digital Business Leadership: Digitale Transformation – Geschäftsmodell-Innovation – agile Organisation – Change-Management, New York, Vereinigte Staaten: Springer Publishing, 2016.

Kurt Lewin - Lewins Feldtheorie: in: kurt-lewin.de, [online] http://www.kurt-lewin.de/feldtheorie.shtml [15.09.2020].

Larsen, Randy / David Buss / Andreas Wismeijer: Personality Psychology: Domains of Knowledge about Human Nature, New York, Vereinigte Staaten: McGraw-Hill Education, 2013.

Lauer, Thomas: Change Management: Grundlagen und Erfolgsfaktoren, 3. Aufl., Berlin, Deutschland: Springer Gabler, 2019.

Neuberger, Oswald: Das Mitarbeitergespräch: Praktische Grundlagen für erfolgreiche Führungsarbeit, 6. Aufl. 2015. Nachdruck 2015., Augsburg, Deutschland: Springer Gabler, 2015.

Nicolay, Nils: Ätiologie, in: DocCheck Flexikon, 2017, [online] https://flexikon.doccheck.com/de/%C3%84tiologie.

Probst, Tahira M.: Countering the Negative Effects of Job Insecurity Through Participative Decision Making: Lessons From the Demand-Control Model., in: Journal of Occupational Health Psychology, Jg. 10, Nr. 4, 2005, doi: 10.1037/1076-8998.10.4.320, S. 320–329.

Project-Management.com: PMO and Project Management Dictionary, in: Project-Management.com, 02.02.2017, [online] https://project-management.com/pmo-and-project-management-dictionary/ [13.09.2020].

Rauthmann, John: Fünf-Faktoren-Modell - Dorsch, in: dorsch.hogrefe.com, 2020, [online] https://dorsch.hogrefe.com/stichwort/fuenf-faktoren-modell [16.09.2020].

Stöckel, Sigrid / Ulla Walter: Prävention im 20. Jahrhundert : Historische Grundlagen und aktuelle Entwicklungen in Deutschland, in: Grundlagentexte Gesundheitswissenschaften, 2002, [online] https://zeithistorische-forschungen.de/sites/default/files/medien/material/2013-3/Stoeckel-Walter-Praevention.pdf, S. 190–203.

Watzlawick, Paul / Janet Beavin / Don Jackson: Menschliche Kommunikation: Formen, Störungen, Paradoxien, Bern, Schweiz: Hans Huber, 2000.